AF555172

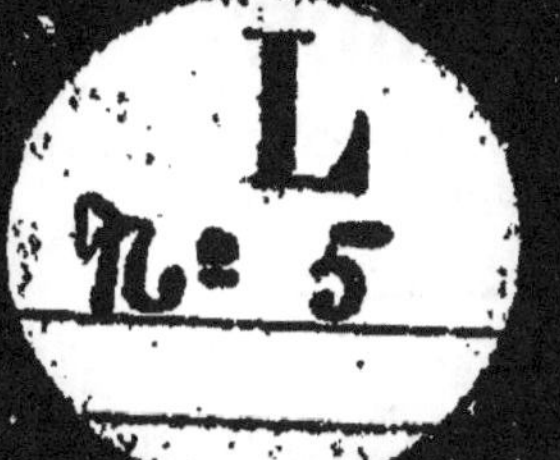
L
N° 5

BIBLIOTHÈQUE DE PROPAGANDE RÉGIONALISTE — N° 5

CHARLES GIDE

PROFESSEUR D'ÉCONOMIE SOCIALE AUX UNIVERSITÉS DE MONTPELLIER
ET DE PARIS

LA SÉPARATION DES ÉGLISES & DE L'ÉTAT

Prix : Cinquante centimes

TOULOUSE
SOCIÉTÉ PROVINCIALE D'ÉDITION
28, Rue des Paradoux, 28

EN DÉPOT A PARIS
Librairie LEROIGNE, 12, rue Bonaparte (VIe)

BIBLIOTHÈQUE DE PROPAGANDE RÉGIONALISTE — N° 5

CHARLES GIDE

PROFESSEUR D'ÉCONOMIE SOCIALE AUX UNIVERSITÉS DE MONTPELLIER ET DE PARIS

LA SÉPARATION DES ÉGLISES & DE L'ÉTAT

Prix : Cinquante centimes

TOULOUSE
SOCIÉTÉ PROVINCIALE D'ÉDITION
28, Rue des Paradoux, 28

EN DÉPOT A PARIS
Librairie LEMOIGNE, 12, rue Bonaparte (VIe)

PRÉFACE

Beaucoup trouveront singulier de voir une Bibliothèque de propagande régionaliste s'intéresser à la Séparation des Eglises et de l'Etat et s'étonneront de voir un parti naissant intervenir dans une aussi grave discussion. Ce débat intéresse cependant tous les décentralisateurs. Le Concordat n'a été dans l'esprit de Bonaparte qu'un prélude à la constitution impériale, à peine entamée par un siècle d'efforts. La rupture des conventions concordataires enlèvera à l'Etat une des prérogatives qu'il a abusivement usurpées et permettra à la religion de relever uniquement du domaine des consciences.

Mais il importe au moment où les Eglises vont être rendues à leur autonomie naturelle de ménager à la fois les droits de l'Etat laïque et la liberté religieuse. La Séparation ainsi envisagée est surtout une question économique; des conditions dans lesquelles elle s'accomplira peut dépendre l'avenir des prochaines réformes régionalistes. Peu d'écrivains l'ont étudiée sous cet aspect; un des premiers, M. Charles Gide a exposé voici un an, dans une conférence de l'Ecole des hautes études sociales de Paris, comment il concevait le fonctionnement des associations cultuelles et leur capacité juridique. Il a esquissé une défense de la mainmorte qui ne saurait être trop répandue; la mainmorte en effet est appelée à jouer un grand rôle dans les transformations sociales de demain, elle est la forme de propriété qui permettra aux groupements ouvriers de renouveler l'état social présent. Ce n'est pas un pur hasard qui veut que les associations cultuelles s'organisent au moment même où les syndicats professionnels vont être autorisés à posséder librement. Ces indices semblent indiquer qu'une évolution lente se fait dans les esprits. M. Pierre Baudin le rappelait tout récemment (1) :

« Ainsi, qu'on le veuille ou non, la rupture du Concordat va émanciper les Églises régionales comme elle va émanciper les Églises nationales.

« Voilà l'œuvre nouvelle dont l'embryon est déposé au fond même de cette grave réforme. Elle aura sur nos institutions plus d'influence qu'on ne croit. Elle devancera nécessairement la formation d'un régionalisme administratif et politique. De toutes les manières d'activité collective que les hommes puissent choisir, la manière religieuse est celle qui par voie d'actions et de réactions impressionne le plus nécessairement l'esprit. Les sociétés religieuses ont une force de propagande qui ne laisse, du moins chez les vieilles nations comme la nôtre, personne indifférent. On les soutient ou on les combat. Donc on est toujours influencé par leur forme d'action. »

C'est cette connexité évidente entre les diverses formes de décentralisation qu'il importait de signaler. Nous avons pensé que l'étude de M. Gide permettrait d'envisager la Séparation sous cet angle un peu nouveau et nous remercions le savant professeur d'avoir bien voulu, en nous autorisant à reproduire sa conférence, mettre son autorité au service de notre thèse.

7 avril 1905.

CHARLES BELLET.

(1) *Le Journal*, 26 mars 1905.

LA SÉPARATION

DES ÉGLISES & DE L'ÉTAT (1)

Messieurs, j'ai été invité à traiter la question de la séparation de l'Eglise et de l'Etat au point de vue économique : c'est-à-dire, à étudier quelles seraient ou quelles devraient être, soit pour l'Eglise, soit pour l'Etat, soit pour la Société en général, les conséquences pécuniaires de la séparation, en admettant que celle-ci soit réalisée.

Il y a deux faces à cette question : l'une qui regarde le passé, l'autre qui regarde l'avenir. Commençons par la première.

I

Les Eglises reconnues par l'Etat, c'est-à-dire celles appartenant à la religion catholique romaine, aux deux religions protestantes dites calviniste et luthérienne (car il y a d'autres Eglises protestantes qui ne sont pas unies à l'Etat) et à la religion israélite, sont aujourd'hui des établissements publics.

(1) Conférence donnée à l'*Ecole des Hautes Etudes sociales* le 1er mars 1904.

Elles jouissent, en conséquence, d'assez nombreux avantages, notamment, au point de vue pécuniaire, le seul dont nous ayons à nous occuper ici :

a) D'une dotation de l'Etat qui s'élève à un peu plus de 40 millions par an ;

b) De la jouissance de tous les édifices consacrés à leur culte et dont la plupart ont été élevés avec les fonds de l'État ou des communes ;

c) De la propriété de certains biens, meubles ou immeubles, acquis par donation ou legs ou par leurs épargnes en vertu de la capacité qui leur appartient comme personnes civiles.

La séparation aurait évidemment pour effet d'enlever aux Eglises leur caractère d'établissements publics, mais les dépouillerait-elle de tous les avantages que je viens d'énumérer ? C'est discuté.

a) En ce qui concerne la dotation de l'Etat, il est certain que, dans la pensée de tous ceux qui veulent la séparation, comme de tous ceux qui la redoutent, elle sera supprimée. On peut dire même que, au regard du public, la suppression du budget des cultes apparaît, non seulement comme la principale conséquence, mais comme l'acte caractéristique, constitutif, de cette séparation.

Et il ne faut pas douter, en fait, que la séparation n'ait ce résultat. Néanmoins vous savez qu'en droit, la question est controversée. Vous savez que le 2 novembre 1789, après un grand discours de Mirabeau, l'Assemblée Constituante, par 568 voix contre 346, décréta ceci :

« Les biens du clergé seront réunis à la Nation, à la charge par elle de pourvoir d'une manière convenable aux frais du culte, à l'entretien de ses ministres et au soulagement des pauvres. »

Ce vote lie le budget des cultes à l'appropriation des biens de l'Eglise, faisant de celui-là une charge de celle-ci. Il est donc incontestable que les hommes de la Constituante n'ont voté la prise de possession des biens de l'Eglise que dans l'intention de consacrer tout ou partie du revenu de ces biens à l'entretien de cette même Eglise. Ils se sont assimilés à ces acquéreurs d'un domaine qui l'ont acheté ou reçu par legs sous la condition de servir au vendeur ou à d'autres une rente perpétuelle. Donc, le vendeur ou ses ayants-droit semblent fondés à dire aujourd'hui : puisque vous ne voulez plus payer la rente, restituez le fonds ! Et en effet il y a des auteurs catholiques qui soutiennent cette thèse, sans se faire d'ailleurs trop illusion sur ses chances de succès.

Combien faudrait-il rendre ? — Le capital représenté par les 40 millions de dotation du culte catholique évalué au taux de 3 p. 0/0, c'est-à-dire 1,330 millions de francs ? A pousser le raisonnement jusqu'au bout, ce ne serait point encore assez, car les biens de l'Eglise valaient au moins, d'après l'évaluation la plus modérée, 3 milliards 1/2 (1). Restituera-t-on ces 3 milliards 1/2 à l'Eglise catholique? — C'est tout à fait invraisemblable!

Et pourtant ne faut-il pas avouer que la séparation sans indemnité constituera, de la part de l'Etat, une violation, à 115 ans de distance, d'un engagement solennel, disons le mot, un parjure, et que l'appropriation des biens de l'Eglise ou, pour employer l'euphémisme de la Constituante, « la réunion de ces biens à la Nation », se trouvera transformée rétroactivement en confiscation pure et simple?

Je sais bien que l'Etat peut invoquer beaucoup de circonstances atténuantes.

D'abord il peut répondre que l'histoire — aussi bien l'histoire intérieure de chaque peuple que l'histoire extérieure des rapports des peuples entre eux — est faite de ces parjures (2). La confiscation des biens du clergé et de la noblesse, en 1789, loin d'être un fait

(1) Les revenus des biens ecclésiastiques étaient évalués à une centaine de millions, plus 120 millions de dîmes.

(2) Une loi formelle du temps de la Révolution déclare que la rente publique sera exemptée de toute retenue. Cet engagement solennel ne gênera pas le gouvernement pour établir l'impôt sur la rente le jour où il le jugera nécessaire!

unique dans notre histoire et dans l'histoire du monde, n'est qu'un fait banal. Les biens des Eglises de tous pays ont été confisqués une ou plusieurs fois, et souvent même, comme en Angleterre, en Irlande et en Bohême, la confiscation a porté sur les biens des particuliers. Et rien n'assure que cette série de confiscations soit terminée, puisque des économistes aussi modérés que M. Molinari ou le professeur Anton Menger nous font entrevoir comme très probable et pas très éloignée l'expropriation des sociétés par actions et de la grande propriété. En France même, ce n'est pas seulement la Révolution qui a confisqué les biens de l'Eglise catholique, c'est la Royauté qui, dix fois et notamment à la suite de ce grand parjure qui fut la révocation de l'édit de Nantes, a confisqué ceux des églises protestantes. Et les biens des juifs, communautés ou particuliers, combien de fois ont-ils été confisqués ? Et il est même assez probable que, parmi tous les biens qui ont constitué, au cours des âges, l'énorme patrimoine de l'Eglise catholique, on aurait pu retrouver facilement ceux qui provenaient des confiscations faites sur d'autres. Si une justice sévère nous obligeait à remonter le passé et à réparer les expropriations successives, je ne sais trop ce qui pourrait rester de terres, par tous pays, entre les mains des possesseurs actuels. Tout cela n'est pas beau, mais l'Histoire est une dame qui n'a que peu de conscience. Elle ne sait dire que ce que disait lady Macbeth en se lavant les mains du sang du roi Duncan : *What's done is done !* (Ce qui est fait est fait !)

Au reste, l'Etat d'alors, l'auteur de l'expropriation, pourrait alléguer pour sa défense qu'il n'a guère profité des 3 milliards confisqués : il a aussitôt revendu ces biens et a été payé en assignats dont la valeur s'est évanouie en fumée, en sorte que, s'il y a des revendications à exercer, il semblerait juste de les diriger plutôt contre ceux qui ont été les véritables bénéficiaires de cette expropriation, c'est-à-dire contre les acquéreurs des biens ecclésiastiques qui les ont acquis pour rien. Ce sont ceux-là qui se sont véritablement enrichis aux dépens de l'Eglise et qui devraient les lui restituer. Mais qu'on essaie et on verra si les plus catholiques d'entre eux sont disposés à prêter l'oreille à cette invitation !

Quant à l'Etat, au gouvernement d'aujourd'hui, il peut dire que, s'il y a violation d'un engagement, la responsabilité en incombe à ceux-là même qui l'avaient pris. Car il ne faut pas oublier que la même Constituante, après avoir voté, pour tenir son engagement, un budget des cultes de 65 millions, — chiffre énorme pour l'époque puisqu'il représentait 10 p. 0/0 du budget (quelque chose comme 300 millions dans le budget actuel !) — non seulement ne le paya jamais, mais, quelques mois après l'avoir voté, déclarait, le 26 décembre 1791, en proclamant la constitution civile du clergé, que « la nation reconnaît tous les cultes mais n'en salarie aucun » ! En fait d'indemnité, l'Etat n'accordait donc plus à l'Eglise que « la reconnaissance » — et encore pas dans le sens moral mais dans le sens administratif de ce mot !

Et quand, par le Concordat, Napoléon rétablit l'union de l'Eglise et de l'Etat, il ne faut pas croire qu'il lui rendit la dotation primitive de 63 millions : tant s'en faut ! Le budget des cultes de 1805 ne s'élevait qu'à 12 millions 1/2. Lui aussi donc a fait une banqueroute, sinon totale, au moins des 5/6 ! C'est peu à peu, sous les gouvernements qui se sont succédé, que le budget des cultes s'est élevé à 50 millions, maximum qu'il a atteint sous le Second Empire, pour redescendre avec la Troisième République au chiffre actuel de 40 millions.

N'importe ! Malgré toutes ces bonnes raisons, j'ai le sentiment que l'Etat devrait une indemnité aux Eglises, et j'indiquerai dans le paragraphe suivant comment, à mon avis, il pourrait s'acquitter.

Mais d'abord il doit une indemnité sinon à l'Eglise, du moins aux ecclésiastiques qui, sur la foi des traités, sont entrés dans cette carrière, qui en vivent, et qui étaient en droit de compter sur le pain quotidien. C'est tout au plus si le traitement des curés et des pasteurs représente ce pain quotidien qu'elle devait leur procurer. Il serait équitable et conforme à l'honneur de l'Etat de conserver l'intégralité de leur traitement à tous les ecclésiastiques qui ont dépassé l'âge auquel ils pourraient se créer une nouvelle situation, disons 45 ans, et la moitié de leur traitement à ceux qui sont au-dessous de cet âge. On pourrait d'ailleurs stipuler que ce traitement ne sera maintenu qu'autant que les ecclésiastiques conserveront leurs fonctions dans leurs églises afin d'éviter qu'ils ne cumulent la pension de l'Etat avec d'autres revenus. Et ce serait, en même temps qu'une mesure de justice vis-à-vis de ces fonctionnaires dépossédés, une sorte de subvention pour les églises, qui leur permettrait, pendant la période de transition, de s'organiser en vue de se suffire à elles-mêmes le jour où ces rentes viagères auraient pris fin.

Aussi bien, tous les projets de loi présentés accordent une indemnité aux ministres du culte; mais dans quelques projets cette indemnité est d'une mesquinerie indigne d'un Etat et qui constitue, beaucoup plus que le refus de restitution des biens ecclésiastiques, une véritable violation de la foi publique. Ainsi le projet Hubbard leur accorde une indemnité de 600 francs, pendant deux ans seulement, et sous la condition qu'ils n'aient aucunes ressources personnelles ou que ces ressources n'atteignent pas 600 francs!

b) En ce qui concerne les édifices consacrés aux cultes, j'ai dit que la presque totalité de ceux consacrés au culte catholique et la majorité (les 3/5) de ceux consacrés au culte protestant, appartiennent à l'Etat ou aux communes, comme ayant été construits avec des fonds prélevés sur le budget public ou communal. Tous les projets de loi déclarent que l'Etat et les communes reprendront la possession de ces édifices, sauf à les louer aux églises sous les conditions qui varient suivant les auteurs des projets.

Eh bien ! si j'avais eu l'honneur d'être appelé à rédiger un projet de loi, j'aurais écrit que tous les édifices religieux seraient abandonnés aux Eglises (catholiques, protestantes ou israélites) en toute propriété.

Cet abandon, qui serait jugé sans doute très suspect de cléricalisme, me paraîtrait avoir de nombreux avantages.

D'abord il satisferait à ce sentiment d'une réparation due, comme conséquence de la confiscation de biens de l'Eglise, sentiment qui n'a pas été tout à fait étouffé par les arguments que je faisais valoir tout à l'heure. Je ne sais trop à combien on peut estimer la valeur globale des édifices consacrés au culte. Je n'ai pas eu le temps de faire des recherches à ce sujet. Mais on peut faire l'évaluation suivante. Il y a environ 40,000 églises en France. La plus modeste église de village coûte au moins 40 à 50,000 francs à bâtir ; en multipliant 40,000 par 40,000, cela ferait 1,600 millions. Mais il y a des cathédrales comme celles de Reims, de Rouen, de Chartres, d'Amiens, ou Notre-Dame, qui ont coûté sans doute ou coûteraient à bâtir quelques 30 à 40 millions chacune (1). J'éstime donc que la valeur de ces 40,000 églises ne doit pas rester fort en dessous des 3 milliards confisqués en 1789. Sans doute, je sais bien que ce n'est pas là une valeur commerciale ; s'il fallait vendre Notre-Dame, je pense qu'on n'en tirerait guère que la valeur du terrain et des matériaux. Néanmoins cette valeur n'est pas non plus fictive et le don fait par l'Etat ne serait pas précisément nominal, car, s'il fallait que les fidèles rebâtissent eux-mêmes toutes ces Eglises telles quelles, ils seraient bien obligés de dépenser à peu près cette somme. L'Etat pourrait donc se considérer comme quitte ; il aurait la conscience à l'aise, ce qui, même pour un Etat, est une bonne chose, et n'aurait plus à se laver les mains comme lady Macbeth.

D'autre part, que perdrait l'Etat à cette restitution ou, si vous voulez, à cette générosité ? Rien du tout. Car, que voulez-vous qu'il fasse de ces édifices ? Ces monuments, surtout ceux du culte catholique, ont été

(1) L'Eglise du Sacré-Cœur de Montmartre a coûté, je crois, 50 millions de francs, et elle est loin des merveilles gothiques.

adaptés d'une façon admirable, par des siècles de piété et d'art mystique, à une seule destination qui est l'adoration et le culte et, comme tous les instruments et objets très bien faits, ils ne peuvent servir qu'à leurs fins. Que voulez-vous qu'on fasse de Notre-Dame ? Un théâtre ? un café-concert ? une Université populaire ? un entrepôt ? un grenier à fourrages ? une caserne ? un Musée ? un Panthéon pour les grands hommes de la paroisse ? Elle ne convient à rien de tout cela. Si on l'enlève au culte, il n'y aura rien à en faire, sinon un monument historique qu'on montrera aux touristes — et pour l'entretien duquel il faudra payer des gardiens.

Enfin, il est à remarquer que l'abandon de cette propriété aux Eglises n'entraînerait aucune des conséquences redoutées de la propriété de mainmorte que nous aurons à examiner tout à l'heure. On ne peut pas dire que ces biens-là vont être retirés de la circulation, puisque déjà, par leur nature, les édifices consacrés au culte sont hors du commerce. On ne peut pas dire que les Eglises s'en serviront pour se créer des revenus et amasser des fortunes, puisque par leur nature ces édifices sont impropres à produire un revenu. On pourrait, d'ailleurs, très bien stipuler que la propriété concédée aux Eglises sera révoquée du jour où les Eglises se serviraient de ces édifices comme instruments de lucre en les revendant, ou en les louant, ou en les détournant de leur destination.

Aussi bien tous les projets de loi prévoient-ils que la jouissance des églises et temples sera conservée aux fidèles, mais à titre de location. Dans la plupart des projets, il est décidé que le loyer devra être effectif, et que de plus, contrairement à tous les principes de droit, le locataire sera chargé de toutes les grosses réparations — ce qui, quand il s'agira de relever les tours d'une cathédrale, par exemple, ne sera pas peu de chose! Dans le projet Briand, le loyer sera limité au 1/10 du revenu de la paroisse. Si cette location devait être gratuite, comme dans le projet Grosjean, ou à un prix nominal, 1 fr. dans le projet Réveillaud, alors ce système se rapprocherait beaucoup du nôtre. Pourtant, même en ce cas, je vois des inconvénients au système de location ; même si le loyer est minime, ce sera une occasion de conflits et de tracasseries mesquines entre l'association des fidèles et la municipalité, partout où celle-ci sera anticléricale. Entre propriétaire et locataire généralement les rapports ne sont pas très cordiaux : combien ne seront-ils pas envenimés si, comme le prévoient formellement certains projets, la municipalité se réserve le droit de disposer de l'église à certains jours ou à certaines heures pour des réunions, conférences (peut-être, par exemple, la conférence de Sébastion Faure sur *les Crimes de Dieu)*, des réunions de francs-maçons, la répétition de la fanfare municipale, ou pour l'exercice d'un autre culte! Un projet de M. Hubbard confie la haute main pour l'administration des édifices et biens ecclésiastiques non au Conseil municipal, mais à un *Conseil communal d'Education sociale*, composé « de délégués du Conseil municipal, du Conseil général, du Préfet, de l'Inspecteur d'Académie, plus trois citoyens et trois citoyennes élus par les pères et mères de famille ayant au moins un enfant mineur ». C'est lui qui établira le règlement « en vue des cérémonies et du fonctionnement des diverses associations d'enseignement ou des prédications morales, philosophiques et religieuses ». C'est la préoccupation de laïciser les édifices consacrés au culte, mais une église laïcisée, c'est logiquement une erreur et esthétiquement une horreur, quelque chose comme un bénitier dont on ferait un lavabo.

Voilà pour les édifices religieux qui appartiennent actuellement à l'Etat. Si j'admets l'abandon de ceux-ci aux Eglises, à plus forte raison, cela va sans dire, pour ceux qui appartiennent déjà aux Eglises parce qu'elles les ont élevés à leurs frais (et qui sont assez nombreux dans les Eglises protestantes : 309 sur 934). Il semble même que ceci est de droit et qu'il n'y a pas là de question. Cependant certains projets de loi les

attribuent à l'Etat ou à la commune toutes les fois qu'il y a eu une subvention quelconque de l'Etat ou de la commune, et, comme c'est le cas le plus fréquent, il y aurait là une véritable expropriation. La Commission de la Chambre qui rédige actuellement le projet a adopté, à ce que je crois, la règle du droit civil, qui dit que la propriété de l'édifice est déterminée par celle du terrain. Si donc le terrain a été acquis par les fidèles, l'édifice leur restera. Mais, s'il a été construit sur un terrain fourni par la commune, il reviendra à la commune, quand bien même il aurait été bâti uniquement avec l'argent des fidèles. Ce sont là des difficultés juridiques et des nids à procès qui seraient supprimés par la mesure large que je viens de proposer.

c) Reste une dernière catégorie de biens ecclésiastiques. Ce sont ceux qui appartiennent actuellement aux Eglises, parce qu'elles les ont reçus en dons ou en legs ou les ont acquis avec leurs économies. En ce qui concerne les locaux du culte appartenant aux Eglises, nous venons d'en parler, nous n'y revenons pas. Mais il y en a d'autres : les Eglises catholiques, protestantes ou israélites peuvent posséder des biens de toute catégorie, des maisons de rapport, des valeurs mobilières.

En fait, cependant, ce patrimoine n'est pas très considérable et n'est pas comparable à celui des congrégations religieuses, car il n'est évalué qu'à 80 ou 100 millions de francs. Qu'en fera-t-on? Peut-il y avoir doute sur ce point? — Certes! même ces biens ont couru quelques risques.

Le projet de M. Dejeante disait qu'ils seraient « biens nationaux » et serviraient à constituer une caisse de retraite pour les vieillards. Même le projet de M. Briand ne laissait aux Eglises que les biens « provenant exclusivement des libéralités des fidèles », ce qui impliquait l'appropriation par l'Etat de tous les autres biens, ceux acquis par les Eglises avec leurs économies, — économies faites soit sur les revenus des biens donnés et légués, soit sur les revenus divers que se procurent les Eglises par location de chaises, pompes funèbres, etc. Je ne m'explique pas bien la raison de cette distinction. Du reste, la Commission de la Chambre l'a écartée et a décidé que tous les biens appartenant actuellement aux Eglises leur resteraient (sauf les immeubles donnés par l'Etat). Et en effet c'est la seule chose à faire.

II

Voilà le passé réglé. Voyons l'avenir. Les Eglises ont cessé d'être des édifices publics pour devenir de simples associations privées. Elles vivront donc sous le régime du droit commun, le même que celui auquel sont soumises toutes autres associations philanthropiques, charitables, scientifiques, sportives, etc. Le fait que leur but reste religieux, cultuel, n'implique pas un régime d'exception; on pourrait donc croire que le législateur n'aura même pas à s'en occuper.

Pourtant tous les projets de loi sur la séparation ont cru devoir établir un régime spécial pour les associations ayant pour but le culte, estimant, à tort ou à raison, qu'il était impossible de les faire rentrer sous la loi commune en matière d'association. Pourquoi ?

Commençons d'abord par nous demander quel est le droit commun en matière d'association. Il est de date récente, car il ne remonte qu'à la loi du 1er juillet 1901. Jusque-là et depuis plus d'un siècle, le droit d'association (sauf pour certaines associations privilégiées, telles que sociétés de secours mutuels, syndicats), n'existait pas en France. Et par conséquent, si la séparation de l'Eglise et de l'Etat avait été décrétée avant cette date, il est certain qu'il aurait fallu voter une loi spéciale pour créer le droit d'association en matière religieuse : sinon, ce n'est pas seulement le budget des cultes, mais la liberté des cultes qui se fussent trouvés supprimés.

Mais aujourd'hui, cette loi sur le droit d'association, si longtemps attendue, existe. Que dit-elle ?

Elle crée trois catégories d'associations :

1° Les unes, qui peuvent se constituer sans aucune formalité, pas même une déclaration préalable, mais qui n'ont aucune capacité, ni aucun droit — sinon le droit de vivre sans être poursuivies, ni inquiétées.

2° Les autres, qui peuvent se constituer par une simple déclaration à la préfecture (je dis *déclaration*, non *autorisation* ; il y a entre les deux mots toute la différence qu'il y a entre la liberté et la servitude), mais elles ne jouissent que d'une capacité restreinte, c'est-à-dire qu'elles ne peuvent avoir d'autres revenus que ceux provenant des cotisations de leurs membres ou des subventions de l'Etat et des communes. Toutefois, tout ce qu'elles peuvent économiser sur ces deux catégories de ressources leur appartient, et elles peuvent l'employer comme bon leur semble, avec cette réserve seulement qu'elles ne peuvent posséder d'autres immeubles que ceux nécessaires à l'accomplissement du but qu'elles se proposent. Il ne leur est pas permis, par exemple, d'avoir des maisons de rapport.

3° Enfin, les dernières ne peuvent être constituées que par décret, c'est-à-dire avec l'autorisation du Conseil d'Etat, les déclarant d'utilité publique. Celles-là seules jouissent de la pleine personnalité civile, qui comporte le droit d'acquérir par dons et legs. Et encore faut-il une autorisation spéciale pour l'acceptation de chaque don ou legs, et l'acquisition d'immeubles est soumise à la même restriction que pour les associations précédentes.

Voilà, sommairement, le droit commun pour les associations. Or, les associations religieuses peuvent-elles rentrer dans ces cadres? — Non, ou du moins très difficilement (1).

D'abord, en ce qui concerne ces associations religieuses qui sont désignées sous le nom de congrégations, elles sont soumises par la *loi de 1901 à un régime spécial* : elles ne peuvent être autorisées qu'en vertu d'une loi. Mais nous n'avons pas ici à nous occuper de celles-là. En ce qui concerne les associations pour l'exercice d'un culte, celles-ci peuvent à la rigueur se constituer sans déclaration, mais elles ne peuvent point exercer leur culte sans autorisation préalable, car, si elles sont affranchies en tant qu'associations, elles restent soumises aux lois sur la police des cultes. Cette distinction paraît une ironie de mauvais goût; elle est cependant absolument certaine. M. Waldeck-Rousseau a déclaré expressément au Sénat qu'elles restaient soumises aux anciens textes

(1) Dans la rédaction primitive, l'art. 1er mettait expressément en dehors de la loi les associations religieuses. Cette exception a été supprimée dans le texte, mais non dans la réalité.

législatifs. Ces textes sont notamment le décret de 1859, rendu sous le second Empire, qui exige l'autorisation préfectorale préalable pour l'ouverture de tout lieu de culte. Et que les fidèles ne s'avisent pas, pour éviter cette autorisation, de se réunir dans un local non autorisé, car, en ce cas, le propriétaire imprudent qui le leur aura prêté ou loué tombera sous le coup de l'article 294 du Code pénal, c'est-à-dire encourra l'amende et la prison !

En dehors même de l'ouverture d'un lieu de culte proprement dit, toute réunion religieuse cultuelle, c'est-à-dire accompagnée de prières ou de cantiques, doit être préalablement autorisée par le maire : une déclaration ne suffit pas, quoiqu'elle suffise pour toutes les réunions publiques depuis la loi de 1881.

Etrange et puérile frayeur des choses religieuses qui tient à conserver contre elles toutes les vieilles armes de l'arsenal législatif, y compris celles forgées par le premier et le second Empire ! Cela ne se voit qu'en France. Mais, comme je n'ai à traiter que le côté économique de la question, je passe.

Les associations cultuelles ne peuvent donc pas user du premier régime offert par la loi de 1901, puisque ce régime ne leur permet pas de faire ce qui est l'objet même de leur existence. Du reste, ce régime ne leur permettrait même pas de vivre, car avec lui elles ne pourraient rien posséder ; or, il faut bien que les Eglises aient un certain capital pour garantir le paiement de leurs pasteurs et du loyer de leurs lieux de culte, en admettant même qu'elles renoncent à avoir un local en propriété.

Elles pourraient, à la rigueur, s'accommoder du second mode d'association. Elles pourraient, après déclaration, vivre avec les cotisations des fidèles et les subventions des communes ou de l'Etat, si ceux-ci consentaient à leur en donner, et elles pourraient s'installer (en admettant que la propriété des édifices religieux actuels leur fût enlevée) dans des immeubles achetés ou construits sur leurs économies. Mais il leur faudrait renoncer, pour se conformer à la loi, à ce qui a constitué toujours la principale ressource des églises, aux dons des fidèles. Car remarquez que ces dons ne peuvent point rentrer sous la rubrique de « cotisations » ; celles-ci, d'après la loi, ne peuvent être que des engagements de payer une certaine somme déterminée, une fois pour toutes, par les statuts de la Société, — comme dans les cercles, les sociétés de secours mutuels, les syndicats ou les innombrables sociétés ou ligues dont nous faisons tous partie. Un receveur nous présente la quittance et nous payons de plus ou moins bonne humeur. Ce n'est pas la même chose que la libre offrande que chacun dépose, selon ses ressources ou selon les besoins de son Eglise, dans la bourse du collecteur. Il faudrait aussi que les Eglises renoncent à d'autres sources de revenus, telles que celles provenant de la location des chaises ou des cérémonies de mariage, d'enterrement, etc.

Quant à la troisième forme d'association qui mettrait les Eglises sur le même pied qu'aujourd'hui au point de vue de la capacité, qui en ferait des établissements d'utilité publique, nous avons dit qu'elle ne peut être octroyée que par l'Etat. Or, il est inadmissible que cette autorisation soit accordée d'une façon générale à toutes les Eglises, car ce serait, au lendemain de la séparation des Eglises et de l'Etat, ressusciter par une investiture, par une reconnaissance officielle, un état de choses semblable au régime actuel, moins le budget des cultes. Et il est également inadmissible que cette reconnaissance officielle devienne un privilège conféré à telle ou telle Eglise qui aura des protections, dont l'évêque ou le curé sera bien avec le gouvernement, qu'elle soit réservée, par exemple, aux Eglises protestantes, et parmi celles-ci, plus spécialement à celles à tendances libérales ou orthodoxes — ou inversement, si le gouvernement venait à changer, aux Eglises catholiques. Le régime qui résulterait de cet arbitraire serait le pire des régimes.

Voilà pourquoi le gouvernement et le législateur se sont crus obligés d'adjoindre au projet de loi sur la séparation un projet de loi sur la situation future des Eglises, c'est-à-dire de proposer une loi spéciale aux associations cultuelles (permettez-moi de les désigner ainsi, le terme d'associations religieuses ne permettant pas de les distinguer des congrégations religieuses). Mais, tandis que certains députés l'ont fait dans l'intérêt de ces associations et pour élargir à leur profit les règles trop étroites du droit commun, d'autres l'ont fait au contraire en défiance des Eglises et parce qu'ils trouvaient le droit commun trop favorable pour elles.

Les projets élargissant le droit commun (ceux de MM. Grosjean et Réveillaud) ajoutent à la capacité de droit commun des associations déclarées, c'est-à-dire au droit de percevoir des cotisations et d'en faire emploi, le droit de faire des quêtes et collectes et de percevoir des revenus pour la location de chaises et les cérémonies (ce droit leur est accordé, d'ailleurs, même dans les projets de loi restrictifs des droits des Eglises), et même leur reconnaissent le droit d'obtenir la grande personnalité, c'est-à-dire la capacité d'hériter en se faisant reconnaître d'utilité publique. De plus, ils abrogent les vieilles lois subordonnant l'exercice du culte à l'autorisation municipale.

Les projets de loi restrictifs du droit commun suppriment tous la faculté pour les Eglises de se faire reconnaître d'utilité publique et même la faculté d'obtenir des subventions de l'Etat ou des communes. La plupart, tout en supprimant la nécessité d'une autorisation préalable pour l'exercice du culte, soumettent les réunions pour le culte à la loi sur les réunions publiques, c'est-à-dire à la nécessité d'une déclaration préalable, à la constitution d'un bureau responsable du bon ordre, à la présence d'un agent de police — toutes mesures qui me paraissent non seulement vexatoires, mais tout à fait illogiques, car si une Eglise est assimilée à une association, la réunion des membres de cette Eglise, c'est-à-dire des sociétaires, ne peut être assimilée à une réunion publique. L'idée d'association est incompatible avec celle de réunion publique. Le fait que quelque étranger pourra franchir la porte du temple ou de l'Eglise n'en change pas le caractère. On ne peut cependant exiger que tous les membres d'une Eglise reçoivent une carte d'identité et soient obligés d'exhiber cette carte à l'entrée de la messe ou du prêche (1) !

(1) Quelques projets refusent aux associations cultuelles le droit reconnu aux associations ordinaires de se fédérer entre elles. Ce serait, s'il faut interpréter ainsi cette règle, la mort de toutes les Eglises, non seulement parce que l'union des diverses églises — même sous le régime le plus individualiste, le régime presbytérien — est indispensable à leur vie religieuse, mais parce qu'elle est indispensable à leur vie économique. Les pasteurs doivent être payés non par les membres de leur propre Eglise, auquel cas ils seraient leurs salariés, mais par une caisse centrale.

Quelques projets de loi soumettent le budget des Eglises à un contrôle administratif, tout comme le régime actuel, et exigent que leurs fonds soient placés en titres nominatifs pour rendre le contrôle plus efficace. Enfin, quelques projets, notamment le projet de M. Briand, chargé par la Commission de la Chambre de rédiger l'avant-projet, et celui de M. Réveillaud, quoique un des plus favorables aux Eglises, limitent la somme de biens qu'elles pourront posséder. Mais je reviendrai tout à l'heure sur cette disposition très intéressante.

III

Cet exposé vous aura paru, je le crains, très embrouillé, et pourtant j'ai pris de la peine pour le simplifier. Mais c'est précisément dans cette complication que gît tout le mal et, pour terminer, je voudrais vous montrer comment on pourrait le guérir.

Tout le mal vient de ce que la loi organique sur le droit d'association est à la fois trop compliquée et trop étriquée : — trop compliquée, car elle a une série de compartiments où l'on se perd ; trop étriquée, puisque dès qu'il s'agit d'une association quelconque, elle ne peut se caser dans aucun de ces compartiments, ce qui oblige à faire une loi spéciale. Car, remarquez que ce n'est pas seulement pour les associations religieuses qu'il faut créer une législation spéciale ; il y a déjà une loi spéciale pour les associations professionnelles, il y en a une pour les associations mutualistes, il y en a une, tout au moins en projet, pour les associations coopératives...

Sans doute, il peut être utile de faire une loi spéciale pour régler les détails de chaque espèce d'association. Mais, dans leurs grandes lignes, en ce qu'elles ont de commun, en ce qui concerne leur naissance, leur capacité et leur mort, toutes devraient rentrer sous la même loi — loi très simple et très courte. Tel est le cas dans les autres pays. Je ne puis passer ici en revue les législations étrangères sur le droit d'association et montrer combien elles sont généralement plus larges que les nôtres. Je n'en citerai qu'une : ce ne sera ni l'Angleterre, ni les Etats-Unis, ni l'Allemagne, ni la Suisse, quoique toutes puissent nous servir de modèle ; mais l'Espagne ! On m'accordera bien que la France peut supporter une loi aussi libérale qu'en Espagne ? Hé bien ! en Espagne la loi de juin 1887 soumet toute association simplement aux règles suivantes. L'association doit déclarer à la Préfecture son nom, son domicile, les ressources sur lesquelles elle compte, et l'emploi de ses biens en cas de dissolution. Le préfet, s'il juge l'association illicite par son but ou par sa constitution, doit la déférer dans la huitaine au tribunal civil, qui, lui-même, doit statuer dans les 20 jours. S'il n'y a aucune opposition de l'administration ou si le tribunal juge cette opposition mal fondée, les statuts de l'association sont revêtus du visa administratif. Et, désormais, l'association jouit de la pleine capacité civile : elle peut acquérir, à titre gratuit ou onéreux, toute espèce de biens, meubles ou immeubles, et les associations ou fédérations jouissent des mêmes droits. — Voilà ce dont jouit l'Espagne, tout au moins en droit, car je ne réponds pas qu'en fait tout se passe aussi simplement.

Et voilà ce que je voudrais pour la France. Une déclaration de naissance, comme pour tout nouveau-né, une inscription sur les registres de l'état civil, une *incorporation*, comme on dit en Angleterre, avec droit d'opposition de l'Etat, s'il juge l'association illicite — à la condition que ce ne soit pas lui-même, juge et partie, mais la justice civile, qui ait compétence pour statuer : — et si l'association est reconnue licite, pleine capacité pour elle d'acquérir.

Pourquoi une législation si simple et si large a-t-elle toujours épouvanté nos gouvernants ? Parce que tous les Français sont hantés sinon par la peur de l'association, du moins par la peur de ce qu'on appelle la mainmorte. On ne saurait croire tout le mal que ce nom sinistre et funèbre, inventé par les légistes du temps féodal, a fait à la liberté : La Mainmorte ! On croit voir je ne sais quels fantômes qui viennent s'asseoir à la place des vivants et leur prendre leur siège à table, comme l'ombre de Banco.

Or, la réalité est précisément l'inverse de ce que le mot semble dire : les biens de mainmorte, ce sont les biens qui appartiennent *à ceux qui ne meurent pas !* Il ne faut pourtant pas confondre les morts et les immortels ! Ceux-ci n'ont rien d'effrayant. Tout au contraire (1).

Quel inconvénient y a-t-il donc à ce que les biens appartiennent à des associations, à des personnes morales, qui ne meurent pas ?

Pour le fisc, autrefois, cela avait un grand inconvénient : c'est que le roi ou les seigneurs ne pouvaient toucher les droits qu'ils prélevaient en cas de décès. Mais aujourd'hui le fisc a trouvé le moyen d'établir un impôt, dit précisément « impôt de mainmorte », qui est calculé de façon à lui rendre autant que si toutes les personnes morales mouraient à la fleur de l'âge ! Néanmoins, de là est venu le premier discrédit jeté sur les biens de mainmorte.

Les économistes sont venus ensuite et ont

(1) Je crois d'ailleurs qu'il faudrait distinguer entre les *associations* et les *fondations*. On peut bien qualifier les premières d'*immortelles*, mais les secondes ce sont des *morts survivants*, ce qui n'est pas la même chose : l'association se renouvelle sans cesse, non la fondation

déclaré la mainmorte funeste parce que ces biens étaient retirés à la circulation, hors commerce, comme on dit. D'abord ce second caractère n'est pas du tout nécessaire. C'est la loi elle-même qui, sottement et parce qu'elle traite les personnes morales en mineurs, leur défend de vendre leurs biens. Il n'y a qu'à les laisser libres de les aliéner. De plus, être hors commerce n'est pas déshonorant : au contraire! Ce sont les choses les plus excellentes, les tableaux et les œuvres d'art de nos musées, les jardins publics, les routes, les chemins de fer, qui, de droit ou de fait, ne sont jamais vendus et n'en sont pour cela ni inutiles, ni improductifs. La seule question est celle-ci : les biens qui appartiennent à des personnes morales sont-ils moins utiles et moins productifs que les autres? Je ne le vois pas. En ce qui concerne les valeurs mobilières, les capitaux, il est impossible de comprendre pourquoi des actions du Suez ou de la Banque de France seraient moins productives quand elles sont dans le portefeuille d'une association que quand elles sont dans le vôtre ou dans le mien. En ce qui concerne les immeubles, on dit que les immeubles de mainmorte doivent forcément être affermés, ce qui serait fâcheux. Mais pas du tout! La Faculté de médecine de Montpellier est propriétaire d'un grand vignoble qu'elle exploite directement, exactement comme les propriétaires voisins et au moins aussi bien qu'eux. Que l'on puisse citer des exemples de terres de mainmorte laissées en friche ou sous une culture arriérée, qu'importe ? Nous montrerons, nous, les *latifundia* que la propriété individuelle a créés dans le passé et de nos jours encore, les terres qu'elle a mises en friche pour y élever des faisans ou y tirer des lapins, les forêts qu'elle a coupées pour jouir plus vite des revenus ! — tandis que les associations ne pratiquent guère ces abus. Je définirais la mainmorte : la part de réalisation légitime et même louable du collectivisme.

Enfin les hommes politiques, à leur tour, ont dénoncé la mainmorte comme menaçante pour l'Etat. C'est même un axiome qu'ils ne prennent pas la peine de démontrer. Et pourtant a-t-on jamais vu les personnes de mainmorte exercer sur les gouvernements, sur les fonctionnaires, sur les tribunaux, une pression égale à celle qu'exercent les Trusts aujourd'hui ? Je dirai même que les Etats sont bien ingrats, car la vérité c'est que les biens de mainmorte sont des poires qu'ils laissent patiemment mûrir en attendant le jour où ils pourront les cueillir. C'est la mainmorte qui serait bien mieux fondée à avoir peur de l'Etat ! car une expérience séculaire a démontré que rares étaient les biens de mainmorte qui tôt ou tard n'étaient pas dévolus à l'Etat par voie de succession. En effet, l'Etat se désigne lui-même généralement comme successeur de toutes les personnes morales ; or, quoique celles-ci vivent longtemps, l'Etat a la vie plus longue qu'elles — et parfois d'ailleurs il les aide à mourir plus vite.

Ainsi, de quelque côté que je l'envisage, cette crainte de la mainmorte, et des personnes morales dont elle est la représentation matérielle et visible, me paraît puérile et surannée. Je crois au contraire au rôle social et économique des personnes morales. Tandis que nous vivons pour la poursuite du gain, elles répondent à ce beau nom que leur confère la loi elle-même : « associations sans but lucratif ». Tandis que nous passons, elles *demeurent*. Tandis que nous ne représentons que nos propres intérêts et nos propres ambitions, elles représentent les intérêts permanents et supérieurs de l'espèce. Celle-ci la Religion, celle-là la Science, celle-là l'Assistance, ces autres la Paix sociale et internationale, d'autres encore la Joie toute simple, la Joie de vivre dans les jeux et dans les sports. Elles sont la réalisation de cette solidarité auguste dont parlait Auguste Comte qui, à travers le temps, relie les morts aux vivants. O créatures immatérielles, purs esprits qui ne mangez, ni ne buvez, ni ne mourez, ni ne vous reproduisez par l'œuvre de chair mais seulement par la volonté créatrice, vous êtes décidément ce qu'il y a de meilleur parmi nous !

Par quelle basse envie veut-on vous supprimer ou vous diminuer ?

Les richesses ne sont-elles pas bien mieux placées dans leurs mains que dans les nôtres ? Et quand, par les donations et les testaments, un peu des richesses privées se déverse entre leurs mains, ne vaudrait-il pas mieux faciliter ce passage et élargir les canaux que d'y mettre des écluses — comme le font la loi et la jurisprudence du Conseil d'Etat en annulant ces dons et legs ou en les limitant au profit de je ne sais quels petits cousins qui se disent frustrés et invoquent les droits de la famille ?

Du reste, il faut remarquer que toutes les formes de mainmorte et toutes les personnes morales ne sont pas également redoutées. Il est vrai que quand il s'agit des biens des sociétés de secours mutuels ou des syndicats, ou des hospices et bureaux de bienfaisance, on trouve plutôt leurs biens insuffisants et on s'efforce même, par des lois faites exprès, comme par le récent projet de loi sur les syndicats, de les augmenter. Les sociétés coopératives socialistes cherchent à se constituer un fonds de réserve perpétuel et inaliénable qui est précisément un bien de mainmorte. On ne se plaint pas généralement de voir l'Institut comblé de donations et même recevoir des châteaux à Chantilly et à Langeais ; aucun des économistes qui font partie de l'Institut n'a protesté, que je sache, et pourtant on peut bien se demander à quoi servent ces centaines de prix auxquels cette fortune est employée ! — En somme, quand il s'agit de mainmorte laïque, on est sympathique ou indulgent, mais c'est quand il s'agit de mainmorte ecclésiastique surtout qu'on se cabre !

Par quelle raison ?

Pour les uns, c'est simplement parce qu'ils estiment que la religion est funeste, parce que, comme l'a dit un député, M. Allard, la « religion chrétienne est un fléau dont les ravages sur l'esprit humain ne peuvent être comparés qu'à ceux de l'alcoolisme », et qu'il ne faut pas procurer aux associations qui cultivent ce fléau les moyens de vivre et de se développer. A ceux-là il faut répondre qu'ils n'ont qu'à créer des associations de libres-penseurs ou d'athées et à les rendre assez fortes et assez puissantes pour qu'elles tuent les premières. La lutte pour la vie est de droit entre les personnes morales comme entre les personnes de chair et d'os : et même précisément parce qu'elle s'engage ici entre personnes incorporelles, comme les dieux de l'Iliade, elle est tout à fait bonne parce que dépouillée du caractère féroce et homicide qu'elle a entre vivants.

Pour les autres, la mainmorte ecclésiastique est inquiétante parce qu'ils estiment qu'il y a en elle une puissance de développement et une pérennité que la mainmorte laïque ne possède pas au même degré ; que notamment auprès des mourants, c'est-à-dire des testateurs, les prêtres ont des moyens d'action tout autres que les administrateurs des hospices et des ligues antialcooliques, ou même que les membres de l'Institut — et que d'ailleurs les Eglises participent déjà ici-bas à cette vie éternelle qu'elles promettent à leurs fidèles par une durée supérieure à celle de toutes les autres personnes morales, supérieure même parfois à celle des Etats.

Je crois qu'il y a là une certaine hantise du passé. Autrefois, oui. Même les jurisconsultes nous apprennent un fait bien curieux ; c'est que les premières personnes juridiques, dans le monde, ont été les dieux païens, Apollon de Delphes ou Diane d'Ephèse, naturellement représentés par les collèges de leurs prêtres. Et quand les dieux païens sont morts, c'est Jésus-Christ, Notre-Dame, saint Martin ou saint Denis, qui sont devenus les héritiers préférés des mourants. Mais aujourd'hui nous ne remarquons pas que les legs faits aux Eglises catholiques ou protestantes soient bien fréquents, ni bien considérables. Laissons de côté les congrégations dont nous n'avons pas à nous occuper aujourd'hui : nous avons vu que l'ensemble des biens possédés par les Eglises pouvait être évalué à 120 millions ; pour 40,000 églises, cela ne représente que 3,000 fr. par tête (1) ! Les sociétés de secours mutuels, qui ne sont au nombre que de 3,000 possèdent 300 millions, ce qui fait environ 100,000 francs par société. Mais, direz-vous, ces biens augmenteront du jour où, séparées de l'Etat, les Eglises seront obligées de se suffire à elles-mêmes et de faire appel à la générosité des fidèles. Je le crois en effet, car sans cela elles ne pourraient pas vivre. Mais enfin les appréhensions qu'elles éprouvent toutes, catholiques ou protestantes, quant aux moyens de faire face à leurs besoins dans l'avenir en cas de séparation, devraient suffire à rassurer ceux qui craignent de les voir accaparer les richesses de la nation.

Du reste, pour couper court à ces craintes, qu'exprimaient déjà Montesquieu et Turgot, sur l'extension démesurée de la mainmorte, il suffit de mettre dans la loi organique sur le droit d'association une règle bien simple : elle existe déjà dans plusieurs législations étrangères, notamment en Angleterre pour

(1) La valeur totale des biens de mainmorte, en France, est évaluée à 5 milliards. C'est donc seulement une part infime (2 1/2 p. 0/0) qui appartient aux Eglises et séminaires.

Autre preuve : d'après une statistique de 1897, sur 35 millions de libéralités faites à des établissements d'utilité publique, les établissements religieux et séminaires n'en avaient reçu que 4 millions 1/2.

les associations de charité. La voici : *les associations ne pourront posséder d'autres biens que ceux affectés au but pour lequel elles ont été constituées* (1).

Cela revient à dire que les associations ne pourront posséder soit des biens employés à un but différent de celui pour lequel elles ont été créées, soit des biens sans emploi, des biens de rapport, comme on dit. Actuellement, un syndicat professionnel ne peut employer ses fonds qu'à la défense de ses intérêts professionnels, mais non à faire de la politique et à subventionner des élections. Des syndicats du Tarn qui l'avaient fait ont été dissous par un jugement du tribunal d'Albi. De même, une association contre la tuberculose ne pourra avoir d'autres biens que ceux qui seront employés, en capital ou en revenus, à des sanatoriums, à des dispensaires, à la propagande, mais non à bâtir des maisons ouvrières. De même une association pour l'exercice d'un culte ne pourra posséder d'autres biens que ceux qu'elle em-

(1) Certaines législations fixent un *maximum*, soit pour la terre (deux acres en Angleterre), soit pour les valeurs mobilières (15 millions de francs ou 2 millions 1/2 de revenus, New-York) : c'est là un procédé grossier. La limitation que nous proposons, comme l'a très bien défini M. le professeur Rauh dans la discussion qui a suivi cette conférence, *n'est pas quantitative mais fonctionnelle*.

ploiera à l'exercice du culte, à l'édification de son temple, à la célébration de ses cérémonies, à l'entretien de ses pasteurs et de ses évangélistes. Sans doute il y aura là une gêne, car toutes les Eglises considèrent la charité comme rentrant directement dans leurs *fonctions*, dans leurs devoirs ; et, dans les Eglises protestantes, un corps spécial qu'on appelle les diaconats, dont l'institution remonte aux temps apostoliques et qui fait partie intégrante de l'Eglise, est chargé d'administrer la charité. Elles ne pourront plus le faire, mais la gêne ne sera pas grande, car il suffira de constituer, à côté de l'association pour l'exercice du culte, une association pour l'administration de la charité : quoique toutes les deux autonomes, et ayant leur patrimoine propre, rien ne les empêchera de vivre dans des rapports fraternels. Avec cette simple règle les congrégations monastiques elles-mêmes pourraient être autorisées sans inconvénients, car l'accumulation des biens y serait impossible. En effet quels biens faut-il pour se recueillir et prier Dieu ? Une cellule et un prie-Dieu, un Evangile.

Du reste, cette règle est déjà établie par la loi de 1901 pour toute association en ce qui concerne les *immeubles*. Nous demandons seulement à la généraliser.

Je ne crois pas cette règle vexatoire ni contraire à la liberté. A vrai dire même, il n'y a pas là *limitation* de la mainmorte, mais *spécialisation*. Toute association pourra acquérir sans autres limites que celles imposées par le but qu'elle s'est assigné elle-même. Si, association pour le culte, elle veut édifier une église comme la cathédrale de Cologne ou celle du Sacré-Cœur qui a coûté presque autant, si elle veut donner à ses prêtres des traitements d'archevêques, elle le pourra. Mais elle ne pourra bâtir des maisons d'école, ni donner aux pauvres, car ni l'un ni l'autre de ces emplois ne rentrent dans ses fins. En somme, il y a là pour les personnes morales l'application anticipée d'un régime de propriété qui sera peut-être un jour — pesez bien ceci ! — celui qui sera appliqué aux individus : la propriété limitée aux besoins de chacun. Mais tandis que pour les personnes vivantes cette règle peut paraître tyrannique, attendu qu'il est difficile de déterminer la circonférence dans laquelle peuvent être enfermés les besoins si complexes de l'individu, au contraire, quand il s'agit de ces personnes artificiellement créées qui sont les personnes morales, leurs besoins sont beaucoup plus faciles à déterminer, car ils le sont non par la nature et la vie, mais par les statuts. Car toute association a nécessairement un but : elle doit en avoir un ; c'est ce qui lui donne son nom, c'est ce qui constitue sa personnalité. C'est son « Moi ». C'est sa raison d'être, c'est sa vie. Et la preuve, c'est que, lorsqu'une *fondation* n'a plus d'objet — par exemple les innombrables léproseries du moyen âge, les hospices pour les pèlerins, un jour peut-être, espérons-le, la Croix-Rouge pour les victimes de la guerre, — alors elle n'a plus qu'à mourir et elle meurt en effet. Donc tout ce qu'elle est en droit de demander c'est que la loi lui fournisse tous les moyens de développer sa personnalité, d'atteindre les fins qu'elle s'est proposées, mais non d'autres.

Et pourtant, cette règle suffirait pour empêcher ce que l'on redoute tant : l'accumulation des biens de mainmorte entre les mains d'associations religieuses, philanthropiques, etc., qui pourraient les employer à des fins politiques, à peser sur les électeurs, à subventionner les journaux hostiles au gouvernement, à faire baisser le cours de la rente. Tous les biens possédés par une association, devant être employés à l'unique objet qu'elle s'est donné, se trouveraient nécessairement indisponibles pour d'autres fins. Ce qui a fait le scandale et peut-être le danger social des richesses ecclésiastiques autrefois, c'est que ce n'était que la moindre partie qui était affectée au service religieux. La plus grande partie servait à entretenir somptueusement des prélats ou à exercer un patronage sur des foules de clients. La thésaurisation ou l'immobilisation deviendra difficile et à un degré tel qu'il faudra apporter quelques atténuations à la règle, sans quoi la constitution même d'un fonds de réserve deviendrait impossible. On pourrait dire en effet que, puisque ces fonds sont « en réserve », ils ne sont pas employés à la fin voulue par l'association. Il faudra pourtant bien tolérer un fonds de réserve, sauf à fixer un maximum, — à l'inverse des sociétés commerciales où l'on fixe un minimum.

Dans le projet de loi de M. Réveillaud, il se trouve une règle ingénieuse, reproduite dans le projet de M. Briand, et qui concorde tout à fait avec notre thèse. C'est celle-ci : « le revenu des biens des associations pour l'exercice d'un culte ne pourra dépasser la moyenne des sommes dépensées pour les frais de culte en prenant la moyenne des cinq dernières années. » Ainsi les revenus se trouvent limités par les dépenses, mais *les dépenses ne sont pas limitées, pourvu qu'elles ne sortent pas du but visé par l'association*, qui est ici l'exercice du culte. Et cette disposition me paraît excellente. Remarquez qu'elle permet une certaine thésaurisation : elle permet à l'association d'économiser un capital suffisant pour produire un revenu égal à ses dépenses, mais pas plus. Et j'estime que c'est assez en effet.

Le seul inconvénient de cette mesure, c'est que, de même que toute réglementation, elle implique une autorité de contrôle chargée d'en surveiller l'application. Mais c'est inévitable (1). Seulement, je voudrais que cette autorité de contrôle ne fût pas l'autorité administrative, car, dans ses démêlés avec les associations et personnes morales, l'Etat est toujours un peu juge et partie. Je voudrais un corps spécial de contrôleurs, comme en Angleterre, où ils s'appellent *registrars*, et l'appel porté devant les tribunaux civils.

Il ne reste qu'un point à examiner, mais qui ne manque pas d'importance : c'est la mort éventuelle de la personne morale, dans l'espèce, de l'association religieuse, et, en ce cas, la dévolution de ses biens. Elles peuvent donc mourir les personnes morales? Sans doute, elles peuvent mourir de mort naturelle quand elles n'ont plus d'objet : par exemple, les personnes morales qu'étaient les collèges de prêtres grecs et romains sont morts quand sont morts les dieux du paganisme, et les associations cultuelles chrétiennes mourraient, si, comme dans le tableau

(1) Ne fût-ce que pour protéger la personne morale contre les associés eux-mêmes qui, parfois, s'entendent pour la dépouiller et vivre à ses dépens. Dans une brochure sur la *Propriété corporative*, M. Charmont cite le fait incroyable de la Faculté de Droit Canon de Paris, qui, pendant un certain nombre d'années, au XVIIᵉ siècle, n'a eu qu'un seul professeur qui touchait tous les revenus et se refusait à se donner des collègues, afin de ne pas avoir de co-partageants!

de Chenavard, la Mort des Dieux, la foi chrétienne un jour devait mourir. Les personnes morales peuvent aussi mourir de mort violente quand elles ont commis quelque délit qui entraîne leur dissolution. Mais il faut toujours que leur mort soit constatée (dans le cas de mort naturelle), ou prononcée (dans le cas de condamnation à mort) par un jugement du tribunal.

En ce cas, il semble que, la personne juridique n'ayant point d'héritiers du sang, ses biens doivent tomber en déshérence, et, comme les biens vacants appartiennent de droit à l'Etat, c'est l'Etat qui serait appelé à recueillir les biens de toutes les personnes morales décédées. — Ce serait bien dangereux, car ce serait donner à l'Etat un intérêt à la mort des personnes morales, un *votum mortis*. Mais heureusement cette dévolution à l'Etat n'est pas inévitable, car les personnes morales peuvent très bien faire leur testament. Elles peuvent désigner leur héritier dans leurs statuts mêmes, ou par une décision de l'Assemblée générale qui prononce la dissolution, *ultima verba*. C'est ce que reconnaît formellement l'art. 9 de la loi de 1901, et on ne saurait trop recommander aux associations d'user de ce droit. En général, elles désigneront l'institution qui sera la plus proche parente, je veux dire la plus semblable. Il y a même des pays, comme l'Espagne, où la loi impose à l'Etat, quand il recueille des biens de mainmorte tombés en déshérence, de faire lui-même cette attribution à l'institution qui peut le mieux continuer l'œuvre de la défunte. Et c'est une mesure excellente; car elle enlève à l'Etat tout intérêt à la mort de l'association.

***

En résumé, je crois que la solution du problème de la séparation de l'Eglise et de l'Etat ne présente pas de difficultés spéciales, au point de vue économique tout au moins. Elle en présente d'autant moins que le droit d'association est plus pleinement reconnu. C'est le cas pour beaucoup de pays. Malheureusement tel n'est pas le cas en France. C'est donc par la réforme de la loi organique de 1901 sur le droit d'association qu'il aurait fallu commencer, avant de décréter la séparation.

Ch. Gide.

APPENDICE

Beaucoup des *desiderata* exprimés dans cette conférence déjà ancienne se trouvent réalisés dans le projet de loi de M. Briand, légèrement amendé par la Commission et déposé au nom du Gouvernement.

Les associations cultuelles conserveront les biens appartenant en propre aux Eglises actuelles. Mais les édifices du culte resteront la propriété de la commune ou de l'Etat (à moins que les Eglises ne puissent établir leur droit de propriété et seulement pour les édifices construits depuis le Concordat). Il est vrai que la commune ou l'Etat devront les louer aux associations cultuelles, gratuitement pendant 2 ans, et pour un prix ne dépassant pas 1/10 du revenu de l'association cultuelle pendant 10 ans, mais, au terme de ces 12 années, la commune ou l'Etat en recevront la libre disposition, soit pour renouveler la location, soit pour les vendre, soit pour les affecter à tout autre usage.

Il est vrai qu'un amendement déposé par un député appartenant au groupe socialiste, M. Augagneur, maire de Lyon, propose que les édifices du culte soient abandonnés gratuitement et à titre définitif aux associations cultuelles. Et d'autres amendements proposent une location à long terme pour un prix nominal.

Les associations cultuelles *pourront* se constituer des revenus non seulement par cotisations, quêtes, collectes, locations, etc., mais aussi par fondation de messes, concession très favorable aux Eglises catholiques mais dont les Eglises protestantes ou israélites pourront difficilement profiter.

En ce qui concerne la constitution d'un

capital, aucune limite n'est imposée si ce capital a pour destination spéciale la construction, réparation ou décoration des édifices consacrés au culte, mais pour tout autre objet que celui-là, le capital accumulé ne pourra dépasser le montant des dépenses annuelles moyennes. Il est à espérer que cette limite un peu rigoureuse sera élargie, car, quoiqu'il soit raisonnable d'admettre qu'une Eglise ne doit pas vivre en rentière sur les revenus de son capital, cependant un fonds de roulement qui ne pourrait dépasser une année de dépenses paraît insuffisant pour la sécurité des ministres du culte ou pour la garantie de la location si l'édifice doit être loué.

Les ministres des cultes recevront une pension viagère égale à la moitié ou aux 2/3 de leur traitement selon qu'ils compteront 20 ou 30 années de service avec un maximum de 1,200 francs et un minimum de 400 francs. Ceux qui comptent moins de 20 années de service recevront une pension de 400 francs pendant un nombre d'années égal à la moitié de leur temps de service.

Les associations cultuelles pourront former entre elles des unions à un ou plusieurs degrés qui jouiront du même droit que les associations elles-mêmes. Ce droit, qui n'a pas été accordé sans de vives résistances, a surtout un intérêt vital pour les Eglises des minorités protestantes ou israélites.

Les décrets soumettant l'ouverture des lieux de culte à une autorisation préalable sont abrogés. Une déclaration suffira et même cette déclaration sera valable pour toutes les réunions cultuelles de l'année.

Albi, Imp. Coopérative du Sud-Ouest. — 1905—681.

BIBLIOTHÈQUE DE PROPAGANDE RÉGIONALISTE

EN VENTE

N° 1. **Ch. Beauquier**, député du Doubs. — La France divisée en régions, 1 brochure, troisième mille. 0 15

N° 2. **P. Foncin**, inspecteur général de l'Instruction publique. — Régions et Pays, 1 brochure (honorée d'une souscription du Ministère de l'Instruction publique, troisième mille............ 0 25

N° 3. **J.-P. Boncour et Charles Maurras.** — Un Débat nouveau sur la République et la Décentralisation. — Opinions de E. Buré, G. Clémenceau, E. Clémentel, J. Dessaint, Eugène Fournière, Joseph Reinach, L.-Xavier de Ricard, Paul Strauss, *Le Temps*, A. Varenne, etc. 1 vol. in-18.. 1 50

N° 4. **Albert Métin**, professeur à l'Ecole coloniale. — La Révolution et l'Autonomie locale. 1 brochure.. 0 25

N° 5. **Charles Gide**, professeur d'économie sociale aux universités de Montpellier et de Paris. — La Séparation des Eglises et de l'Etat. 1 brochure.. 0 50

www.ingramcontent.com/pod-product-compliance
Lightning Source LLC
LaVergne TN
LVHW010108230826
846091LV00005B/2151

* 9 7 8 2 0 1 3 4 5 0 7 5 1 *